情緒海洋系列

鯨魚很憂慮

作　　者：凱蒂·伍利（Katie Woolley）

繪　　圖：戴維·奧魯米（David Arumi）

翻　　譯：潘心慧

責任編輯：王一帆

美術設計：許鍩琳

出　　版：新雅文化事業有限公司

　　　　　香港英皇道499號北角工業大廈18樓

　　　　　電話：（852）2138 7998

　　　　　傳真：（852）2597 4003

　　　　　網址：http://www.sunya.com.hk

　　　　　電郵：marketing@sunya.com.hk

發　　行：香港聯合書刊物流有限公司

　　　　　香港荃灣德士古道220-248號荃灣工業中心16樓

　　　　　電話：（852）2150 2100

　　　　　傳真：（852）2407 3062

　　　　　電郵：info@suplogistics.com.hk

印　　刷：中華商務彩色印刷有限公司

　　　　　香港新界大埔汀麗路36號

版　　次：二○二三年三月初版

鯨魚
很憂慮

凱蒂·伍利 著
戴維·奧魯米 繪
潘心慧 譯

新雅文化事業有限公司
www.sunya.com.hk

前言

　　《情緒海洋系列》能幫助小朋友認識自己的情緒，以及這些情緒對自己和別人所帶來的影響。與此同時，故事裏也會提供一些簡單的方法，幫助小朋友管理情緒。

　　每個故事皆以海洋為背景，講述海底學校的動物們在日常生活中所經歷的不同情緒，讓家長和老師能輕鬆地引導小朋友進入有關情緒的討論。例如在本故事《鯨魚很憂慮》中，探討的情緒是擔心——它會帶給小朋友什麼感覺，小朋友會因而產生什麼反應，以及其行為如何影響身邊的人。

　　本系列適合大人和小朋友一起共讀，以此開啟話題，進行討論。共讀故事時，建議選擇一個大人和小朋友都感到放鬆、不匆忙的時間。在正式講故事之前，大人可引導小朋友首先觀察書中的圖畫，猜一猜這本書的內容是什麼，讓小朋友能更快、更自然地投入故事。

新雅・點讀樂園 升級功能

讓親子閱讀更有趣！

　　本系列屬「新雅點讀樂園」產品之一，若配備新雅點讀筆，爸媽和孩子可以使用全書的點讀和錄音功能，聆聽粵語朗讀故事、粵語講故事和普通話朗讀故事，亦能點選圖中的角色，聆聽對白，生動地演繹出每個故事，讓孩子隨着聲音，進入豐富多彩的故事世界，而且更可錄下爸媽和孩子的聲音來說故事，增添親子閱讀的趣味！

　　「新雅點讀樂園」產品包括語文學習類、親子故事和知識類等圖書，種類豐富，旨在透過聲音和互動功能帶動孩子學習，提升他們的學習動機與趣味！

想了解更多新雅的點讀產品，請瀏覽新雅網頁(www.sunya.com.hk)或掃描右邊的QR code進入 新雅・點讀樂園 。

如何使用新雅點讀筆閱讀故事？

1. 下載本故事系列的點讀筆檔案

① 瀏覽新雅網頁(www.sunya.com.hk) 或掃描右邊的QR code 進入 新雅·點讀樂園 。

② 點選 下載點讀筆檔案 ▶ 。

③ 依照下載區的步驟說明，點選及下載《情緒海洋系列》的點讀筆檔案至電腦，並複製至新雅點讀筆的「BOOKS」資料夾內。

2. 啟動點讀功能

開啟點讀筆後，請點選封面右上角的 新雅·點讀樂園 圖示，然後便可翻開書本，點選書本上的故事文字或圖畫，點讀筆便會播放相應的內容。

3. 選擇語言

如想切換播放語言，請點選內頁左上角的 粵 ☆ 普 圖示，當再次點選內頁時，點讀筆便會使用所選的語言播放點選的內容。

4.播放整個故事

如想播放整個故事，請直接點選以下圖示：

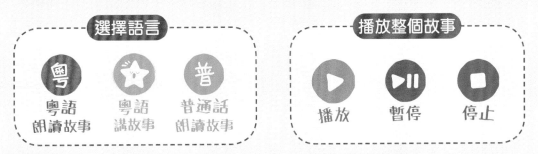

5.製作獨一無二的點讀故事書

爸媽和孩子可以各自點選以下圖示，錄下自己的聲音來說故事！

1️⃣ 先點選圖示上 爸媽錄音 或 孩子錄音 的位置，再點 OK，便可錄音。

2️⃣ 完成錄音後，請再次點選 OK，停止錄音。

3️⃣ 最後點選 ▶ 的位置，便可播放錄音了！

4️⃣ 如想再次錄音，請重複以上步驟。注意每次只保留最後一次的錄音。

甲班的動物正忙着畫畫。

水母很快畫完，就游到外面去玩。
沒多久，他的朋友也全部出去玩了……

鯨魚卻一直在擔心。
鯨魚時常感到憂慮。
她擔心自己的尾巴太大。

她擔心自己的皮膚凹凸不平。

最令她感到擔心的，就是學校的功課。

當晚，鯨魚還在擔心。
起初只是小小的憂慮，但它卻像雪球一般，越滾越大！

12

鯨魚很想完美地畫出一條神氣的鱷魚。

第二天，鯨魚感到悶悶不樂。
她擔心極了！
「一起來玩吧！」海星叫道。

但鯨魚完全聽不見朋友在叫她，她只是一味使勁地擦她的畫。

突然，鯨魚因為太用力而把紙擦破了。

「哎呀！」她驚叫，「我的鱷魚被我弄破了！」

鯨魚放聲大哭。

就在這個時候，上課鐘聲響起。
「該進去了。」海星對鯨魚說。
但鯨魚沒有跟着走。

海星拾起鯨魚的圖畫，走進了課室。

獨角鯨老師到外面去找鯨魚。
「你還好嗎？」獨角鯨老師問。

「我一直擔心我的畫不夠完美，所以擦得太用力了。」鯨魚大哭，「它現在是一張廢紙了！」

獨角鯨老師把鯨魚帶進課室裏。

「擔心表示你很在乎，」他說，「但出了錯也沒關係。」

「真的嗎？」鯨魚小聲地問，「為什麼？」

「因為我們可以從錯誤中學習呢！」獨角鯨老師說，「而且有時將錯就錯，會有令人意想不到的結果。」

「是呀！」鯊魚笑着說，「我們覺得這個裂口使這條鱷魚變得很完美。」

25

鯨魚的臉上露出了燦爛的笑容。
「真的很完美！」她驚歎。

接着，鯨魚又愁眉苦臉的。

她問：「下次有另一件事讓我擔心時，該怎麼辦？」

「我們每個人都有擔心的時候。」獨角鯨老師說，「跟別人談談，憂慮可能會變小一點點。」

「我確實感到憂慮變小了。」鯨魚小聲說，
「但是它還沒完全消失。」

「我有個辦法!」獨角鯨老師說。
他從櫃子裏取出一個玻璃瓶。

「從現在起，這就是我們班上的憂慮瓶。」
他說，「任何同學有憂慮的話，都可以放在裏
面，這樣就不用一直想着它了！」

鯨魚把讓她擔心的事情寫了下來，放進玻璃瓶裏。

「你現在感覺怎麼樣？」水母問鯨魚。

鯨魚想了想。

「我感覺很完美！」她高聲說，「來吧！
我們一起去玩！」

認識 情緒 很重要！

情緒對你很重要，對於鯨魚和她的朋友們也一樣。請你看看以下各圖，說一說圖中角色們的感覺。每幅圖畫旁邊的問題可以幫助你思考：

鯨魚最擔心的事情是什麼？

為什麼鯨魚擔心她的功課？

鯨魚對她的畫做了什麼？

鯨魚學到什麼關於犯錯的道理？

獨角鯨老師用什麼物件來幫助
同學們使憂慮變小一點？

你怎麼做才能明白自己的憂慮
並讓它變小呢？

活動建議

　　看完故事後，家長或老師可以跟小朋友展開延伸活動，讓小朋友更容易吸收和理解故事中所說的情緒，並連繫到自己的日常生活經驗。以下有一些討論話題和活動建議供參考：

關於故事內容

· 請小朋友說說鯨魚在不同的事情發生後的感覺。

· 鯨魚表現的方式好不好，為什麼？

關於認識自己

· 問問小朋友為什麼了解自己的情緒那麼重要。

· 請小朋友想一想，能夠明白自己在某情況下的情緒反應，他的心裏會不會覺得好過一些？

· 了解自己的情緒，會不會幫助他和其他小朋友相處得更好？為什麼？

關於認識自己和別人對情緒產生的反應

* 此活動特別適合多人參與。如人數較少（例如只有爸爸、媽媽和小朋友），也可由各參與者說出自己的經驗、感覺和想法，再一起討論。

* 如參與的小朋友較多，可先把他們分成幾組再進行討論。

· 請參與者想一個可能會讓人感到憂慮的情況。問問他們當時有什麼反應？他們怎樣使自己不再憂慮？

· 分組時間結束後，各組請一人做代表，把記下的事情讀出來，然後全班一起討論。